INTELIGENCIA
ARTIFICIAL
- NIVEL AVANZADO -

📖 Índice

◼ Capítulo 1: Redes Neuronales Profundas (Deep Learning Avanzado)

La inteligencia artificial ha avanzado rápidamente en los últimos años, y uno de los mayores responsables de este progreso es el Deep Learning (Aprendizaje Profundo). A diferencia de los modelos tradicionales de Machine Learning, que dependen en gran medida del preprocesamiento de datos y la ingeniería de características, las redes neuronales profundas son capaces de aprender automáticamente patrones complejos a partir de grandes volúmenes de datos.

En este capítulo, exploraremos las bases del Deep Learning avanzado, sus arquitecturas más complejas y cómo se utilizan en creatividad, generación de imágenes y modelos generativos.

1.1. ¿Qué es el Deep Learning y cómo ha evolucionado?

📌 Breve historia del Deep Learning

Aunque el concepto de redes neuronales surgió en los años 40 y 50, no fue hasta la última década cuando experimentó un auge, gracias a la disponibilidad de grandes cantidades de datos y mejoras en la potencia de cálculo con GPUs y TPUs.

- 1940s - 1950s - Primeras ideas sobre redes neuronales (Perceptrón de McCulloch y Pitts).
- 1980s - Backpropagation (retropropagación), permitiendo el ajuste de pesos en redes neuronales.
- 1990s - Redes neuronales se vuelven populares en reconocimiento de escritura y voz.

- 2010s - GPUs aceleran el entrenamiento; surgen modelos avanzados como CNNs, RNNs y Transformers.
- 2020s - Modelos generativos como GANs y Transformers dominan el campo de IA.

📌 **Diferencias entre Machine Learning y Deep Learning**

◆ Machine Learning: Depende de técnicas de ingeniería de características; usa modelos como árboles de decisión y SVM.

◆ Deep Learning: Aprende automáticamente características a partir de los datos, eliminando la necesidad de intervención humana en la selección de atributos.

■ Comparación de Machine Learning y Deep Learning

Característica	Machine Learning Tradicional	Deep Learning
Dependencia de ingeniería de características	Alta	Baja
Capacidad para manejar datos no estructurados	Limitada	Alta (imágenes, texto, audio)
Requerimiento de datos	Moderado	Muy alto
Tiempo de entrenamiento	Corto a moderado	Largo (acelerado con GPUs)

💡 Ejemplo de aplicación real:

Mientras que un modelo tradicional de Machine Learning puede necesitar características predefinidas para reconocer rostros, una red neuronal profunda aprende directamente de los píxeles de las imágenes, sin necesidad de preprocesamiento manual.

1.2. Arquitecturas complejas de redes neuronales

Las redes neuronales profundas han evolucionado hasta convertirse en estructuras altamente especializadas para diferentes tareas. A continuación, exploraremos algunas de las arquitecturas más avanzadas y su propósito.

📌 **Ejemplo**: Estructura básica de una red neuronal profunda

```
from tensorflow.keras.models import Sequential
from tensorflow.keras.layers import Dense

modelo = Sequential([
    Dense(128, activation='relu', input_shape=(784,)),  # Capa oculta 1
    Dense(64, activation='relu'),  # Capa oculta 2
    Dense(10, activation='softmax')  # Capa de salida (10 clases)
])

modelo.compile(optimizer='adam', loss='categorical_crossentropy', metrics=['accuracy'])
modelo.summary()
```

■ Principales arquitecturas en Deep Learning

Arquitectura	Uso principal	Ejemplo de aplicación
CNN (Convolutional Neural Networks)	Visión por computadora	Clasificación de imágenes, detección de objetos
RNN (Recurrent Neural Networks)	Procesamiento de secuencias	Predicción de series temporales, NLP
LSTM (Long Short-Term Memory)	Procesamiento de secuencias largas	Traducción automática, generación de texto
Transformers	Modelos de lenguaje avanzados	ChatGPT, BERT, generación de texto
GANs (Generative Adversarial Networks)	Generación de imágenes y datos sintéticos	DeepFake, arte generado por IA

💡 **Ejercicio**: Investiga en qué tipo de tareas se han usado Transformers y CNNs y comparte un ejemplo real.

1.3. Redes neuronales autoencoder y GANs
📌 ¿Qué es un autoencoder?
Un autoencoder es un tipo de red neuronal utilizada para aprender representaciones compactas de los datos, eliminando ruido o reduciendo dimensionalidad. Se compone de:

■ Codificador (Encoder): Comprime la entrada en una representación más pequeña.
■ Decodificador (Decoder): Reconstruye la entrada original a partir de la representación comprimida.

📌 Ejemplo de un Autoencoder en Keras:

```python
from tensorflow.keras.models import Model
from tensorflow.keras.layers import Input, Dense

# Definir dimensiones
input_dim = 784  # Tamaño de la entrada
encoding_dim = 32  # Representación comprimida

# Definir capas
entrada = Input(shape=(input_dim,))
encoder = Dense(encoding_dim, activation='relu')
(entrada)
decoder = Dense(input_dim, activation='sigmoid')
(encoder)

autoencoder = Model(entrada, decoder)
autoencoder.compile(optimizer='adam',
loss='binary_crossentropy')
```

📌 **¿Qué son las GANs?**
Las Redes Generativas Adversariales (GANs) son modelos de IA que pueden crear imágenes, texto y datos artificiales increíblemente realistas.

◆ Generador: Crea datos falsos.
◆ Discriminador: Intenta distinguir entre datos reales y falsos.

📌 Ejemplo de una GAN en TensorFlow:

```python
from tensorflow.keras.models import Sequential
from tensorflow.keras.layers import Dense

def generador():
    modelo = Sequential([
        Dense(128, activation='relu', input_shape=(100,)),
        Dense(784, activation='sigmoid')
    ])
    return modelo
```

◼ Aplicaciones de GANs

Aplicación	Ejemplo
Generación de rostros	DeepFake, FaceApp
Mejora de resolución de imágenes	Super-Resolution GAN (SRGAN)
Creación de arte con IA	DALL·E, Stable Diffusion

🍭 Ejercicio: Prueba una herramienta en línea basada en GANs (como DeepDream o RunwayML) y analiza sus resultados.

1.4. Uso de redes neuronales en creatividad e imágenes

Las redes neuronales no solo sirven para clasificar datos, sino que también pueden crear contenido.

📌 **Ejemplos de creatividad con Deep Learning:**

⬛ Estilo artístico con IA: Aplicaciones como Prisma transforman fotos en pinturas de Van Gogh.
⬛ Generación de música: IA como Magenta crea melodías originales.
⬛ Textos generados automáticamente: ChatGPT y GPT-4 pueden escribir novelas, poesía y código.

📌 Ejemplo de Transfer Learning en imágenes con TensorFlow:

```
from tensorflow.keras.applications import VGG16

modelo_base         =         VGG16(weights='imagenet',
include_top=False)
modelo_base.summary()
```

💡 Ejercicio: Investiga una IA creativa y analiza cómo funciona (DALL·E, Stable Diffusion, Jukebox de OpenAI).

📌 Ejercicios Finales del Capítulo 1: Redes Neuronales Profundas

■ Repaso de Deep Learning y su evolución

📌 Pregunta teórica: Explica en tus palabras la diferencia entre Machine Learning y Deep Learning. ¿Por qué Deep Learning ha tenido tanto éxito en la última década?

📌 Ejercicio práctico: Investiga un caso real donde Deep Learning haya superado a los métodos tradicionales de Machine Learning. Puede ser en visión por computadora, NLP o cualquier otro campo.

■ Arquitecturas complejas de redes neuronales

📌 Pregunta teórica: Completa la siguiente tabla con ejemplos de aplicaciones reales de cada arquitectura.

Arquitectura	Ejemplo de aplicación
CNN (Convolutional Neural Networks)	?
RNN (Recurrent Neural Networks)	?
Transformers	?
GANs (Generative Adversarial Networks)	?

📌 Ejercicio práctico: Implementa una red neuronal profunda en Keras usando al menos tres capas ocultas y prueba su desempeño en un dataset como MNIST o CIFAR-10.

■ Redes neuronales autoencoder y GANs

📌 Pregunta teórica: Explica la diferencia entre Autoencoders y GANs. ¿Para qué tipo de problemas se usaría cada uno?

📌 Ejercicio práctico: Entrena un autoencoder para eliminar ruido de imágenes en blanco y negro usando Keras.

■ Aplicaciones creativas de las redes neuronales

📌 Pregunta teórica: Investiga un modelo de IA usado en creatividad (DALL·E, Magenta, DeepDream) y explica cómo funciona.

📌 Ejercicio práctico: Usa Transfer Learning para clasificar imágenes con un modelo preentrenado como VGG16 o ResNet.

■ Capítulo 2: Visión por Computadora Avanzada

La Visión por Computadora es una de las áreas más impactantes de la Inteligencia Artificial. Gracias a los avances en redes neuronales convolucionales (CNNs) y modelos especializados, hoy en día la IA puede detectar objetos, segmentar imágenes, generar contenido visual y reconocer rostros con una precisión impresionante.

En este capítulo, exploraremos modelos avanzados de detección de objetos, segmentación de imágenes, generación de imágenes con IA y finalizaremos con un proyecto práctico de reconocimiento facial.

2.1. Modelos de detección de objetos (YOLO, Faster R-CNN)

📌 ¿Qué es la detección de objetos?

A diferencia de la clasificación de imágenes (que solo identifica qué objeto hay en una imagen), la detección de objetos también indica dónde se encuentra dentro de la imagen mediante cajas delimitadoras (bounding boxes).

■ Comparación entre clasificación y detección de objetos

Tarea	Salida del modelo	Ejemplo
Clasificación	"Perro"	♥
Detección de objetos	"Perro (x:30, y:50, w:100, h:120)"	●♥●

📌 Modelos avanzados de detección de objetos

Modelo	Ventajas	Usos comunes
YOLO (You Only Look Once)	Rápido y preciso	Cámaras de seguridad, detección en tiempo real
Faster R-CNN	Alta precisión, pero más lento	Reconocimiento facial, análisis médico
SSD (Single Shot Detector)	Balance entre rapidez y precisión	Aplicaciones móviles

📌 Ejemplo de detección de objetos con YOLOv5 en Python

```
!pip install ultralytics  # Instalar YOLOv5

from ultralytics import YOLO

# Cargar el modelo YOLO preentrenado
modelo = YOLO("yolov5s.pt")

# Aplicar detección en una imagen
resultados = modelo("imagen.jpg", show=True)
```

🕯 Ejercicio: Usa YOLO para detectar objetos en un video en tiempo real con OpenCV.

2.2. Segmentación de imágenes con UNet

📌 ¿Qué es la segmentación de imágenes?

Mientras que la detección de objetos usa cajas delimitadoras, la segmentación de imágenes clasifica cada píxel en una imagen para identificar objetos con más precisión.

■ **Comparación entre detección y segmentación**

Método	Salida	Ejemplo
Detección de objetos	Caja alrededor del objeto	◆■◆
Segmentación	Contorno detallado del objeto	🐱

📌 UNet: La arquitectura más usada en segmentación

UNet es un modelo de Deep Learning diseñado para segmentación de imágenes médicas, pero ha sido adoptado en muchas otras áreas.

📌 Ejemplo de segmentación de imágenes con UNet en Keras

```
from tensorflow.keras.models import Model
from tensorflow.keras.layers import Input, Conv2D,
MaxPooling2D, UpSampling2D, concatenate

# Entrada de la imagen
entrada = Input(shape=(256, 256, 1))
```

*continua en página siguiente...

```
...continuaión de código...

# Capas convolucionales de UNet
conv1    =    Conv2D(64,    (3,    3),    activation='relu',
padding='same')(entrada)
pool1 = MaxPooling2D(pool_size=(2, 2))(conv1)

# Capas de reconstrucción
up1 = UpSampling2D(size=(2, 2))(pool1)
conv2    =    Conv2D(64,    (3,    3),    activation='relu',
padding='same')(up1)

modelo = Model(inputs=entrada, outputs=conv2)
modelo.compile(optimizer='adam',
loss='binary_crossentropy')

modelo.summary()
```

🕯 Ejercicio: Usa UNet para segmentar imágenes médicas o satelitales.

2.3. IA para generación de imágenes (DALL·E, Stable Diffusion)

📌 **¿Cómo funciona la generación de imágenes con IA?**
Modelos como DALL·E y Stable Diffusion pueden crear imágenes a partir de texto usando técnicas de aprendizaje profundo.

📌 Ejemplo de generación de imágenes con Stable Diffusion en Python

```
!pip install diffusers  # Instalar librería de generación de imágenes

from diffusers import StableDiffusionPipeline

# Cargar modelo preentrenado de Stable Diffusion
modelo                                              =
StableDiffusionPipeline.from_pretrained("CompVis/stabl
e-diffusion-v1-4")

# Generar una imagen a partir de texto
imagen  =  modelo("Un  gato  astronauta  en  el
espacio").images[0]
imagen.show()
```

⬛ Comparación de modelos generativos de imágenes

Modelo	Capacidades	Ejemplo de uso
DALL·E	Generación a partir de texto	Ilustraciones, arte digital
Stable Diffusion	IA descentralizada para imágenes	Creación de fondos, concept art
GANs (DeepFake)	Generación de rostros realistas	Efectos especiales, cine

💡 Ejercicio: Genera imágenes con DALL·E o Stable Diffusion y analiza la calidad de los resultados.

2.4. Proyecto: Reconocimiento facial con IA

📌 Objetivo: Crear un modelo que detecte y reconozca rostros en imágenes o video en tiempo real.

📌 **Pasos del proyecto:**

⬛ Cargar un dataset de rostros (ej. Labeled Faces in the Wild).

⬛ Entrenar un modelo CNN o usar Transfer Learning (ej. FaceNet, DeepFace).

⬛ Implementar reconocimiento facial en tiempo real con OpenCV.

📌 **Ejemplo de detección facial con OpenCV y Haar Cascades**

```python
import cv2

# Cargar modelo preentrenado de detección facial
detector = cv2.CascadeClassifier(cv2.data.haarcascades
+ "haarcascade_frontalface_default.xml")

# Capturar video de la webcam
cap = cv2.VideoCapture(0)

while True:
    ret, frame = cap.read()
    gray = cv2.cvtColor(frame, cv2.COLOR_BGR2GRAY)
    faces = detector.detectMultiScale(gray, 1.3, 5)
```

*continúa en página siguiente...

```
*...continuación de código.

for (x, y, w, h) in faces:
cv2.rectangle(frame, (x, y), (x+w, y+h), (255, 0, 0), 2)

cv2.imshow("Detección Facial", frame)
if cv2.waitKey(1) & 0xFF == ord("q"):
break

cap.release()
cv2.destroyAllWindows()
```

Ejercicio: Modifica el código para reconocer personas específicas con DeepFace o FaceNet.

Ejercicios Finales del Capítulo 2

Explica la diferencia entre clasificación, detección de objetos y segmentación.

Investiga qué versión de YOLO es la más reciente y qué mejoras tiene sobre versiones anteriores.

Genera imágenes con Stable Diffusion y analiza cómo cambia la salida al modificar el prompt.

Usa OpenCV para detectar rostros y prueba qué tan bien funciona en diferentes condiciones de luz.

Implementa Transfer Learning con un modelo preentrenado para clasificación de imágenes.

◼ Capítulo 3: Modelos de Lenguaje de Última Generación

Los modelos de lenguaje basados en IA han revolucionado la forma en que interactuamos con la tecnología. Desde asistentes virtuales hasta generación de contenido automatizado, estos modelos pueden comprender, procesar y generar texto con una calidad casi humana.

En este capítulo exploraremos cómo funcionan los Transformers, el modelo detrás de GPT y LLaMA, y cómo se usan en aplicaciones prácticas como chatbots y asistentes virtuales. Finalmente, construiremos nuestro propio chatbot basado en GPT-4.

3.1. Explicación detallada de Transformers

📌 ¿Qué son los Transformers?
Los Transformers son una arquitectura de redes neuronales especialmente diseñada para procesar secuencias de texto. Fueron introducidos en 2017 por Vaswani et al. en el famoso artículo "Attention is All You Need", que revolucionó el Procesamiento de Lenguaje Natural (NLP).

A diferencia de las Redes Recurrentes (RNNs) y LSTMs, los Transformers permiten procesar frases completas en paralelo en lugar de palabra por palabra, lo que los hace mucho más eficientes.

■ Comparación entre RNNs, LSTMs y Transformers

Modelo	Procesamiento	Ventajas	Desventajas
RNN	Secuencial	Buena comprensión contextual	Lentitud en secuencias largas
LSTM	Secuencial con memoria	Puede recordar información a largo plazo	Dificultad para paralelizar el entrenamiento
Transformer	Paralelo	Muy eficiente, maneja grandes cantidades de datos	Requiere mucha potencia computacional

📌 **La clave del Transformer: El mecanismo de Atención**
El mecanismo de atención permite al modelo enfocarse en diferentes partes de una frase al mismo tiempo, lo que mejora la comprensión del contexto.

◆ **Ejemplo de cómo funciona la atención:**
Supongamos que tenemos la frase:
📌 "El perro corre rápido porque vio a un gato."
Un modelo basado en atención asignaría más peso a "gato" cuando procesa la palabra "vio", porque ambas están relacionadas.
📌 Ejemplo de código en Python para visualizar una matriz de atención:

📌 Ejemplo de código en Python para visualizar una matriz de atención:

```python
import torch
import torch.nn.functional as F

# Simulamos una matriz de atención (4 palabras x 4 palabras)
atencion = torch.tensor([[0.1, 0.2, 0.4, 0.3],
                         [0.3, 0.3, 0.2, 0.2],
                         [0.4, 0.1, 0.2, 0.3],
                         [0.2, 0.4, 0.2, 0.2]])

# Normalizamos la atención con softmax
atencion = F.softmax(atencion, dim=1)
print(atencion)
```

Ejercicio: Investiga y explica cómo funcionan las Positional Encodings en los Transformers y por qué son importantes.

3.2. GPT y LLaMA: Cómo funcionan los grandes modelos de lenguaje

📌 **¿Qué son los modelos de lenguaje de última generación?**
Los modelos como GPT (Generative Pre-trained Transformer) y LLaMA (Large Language Model Meta AI) son redes neuronales profundas entrenadas en grandes cantidades de texto para predecir la siguiente palabra en una oración.

■ Comparación entre GPT y LLaMA

Modelo	Creador	Tamaño	Casos de uso
GPT-4	OpenAI	175B parámetros	Chatbots, generación de texto
LLaMA 2	Meta	65B parámetros	Investigación, desarrollo de IA ética
PaLM 2	Google	540B parámetros	Asistentes avanzados, investigación científica

📌 Ejemplo de generación de texto con GPT-4 en Python (Usando la API de OpenAI)

```python
import openai

openai.api_key = "TU_CLAVE_API"

respuesta = openai.ChatCompletion.create(
    model="gpt-4",
    messages=[{"role": "user", "content": "Explícame qué es un modelo de lenguaje"}]
)

print(respuesta["choices"][0]["message"]["content"])
```

💡 Ejercicio: Compara respuestas generadas por GPT-4 y LLaMA 2 en una misma consulta y analiza las diferencias.

Comparación de Modelos Avanzados

📌 Existen varios modelos de lenguaje de última generación. ¿Cuál es mejor para cada tarea?

Modelo	Empresa	Tamaño (B parámetros)	Uso Ideal	Puntos Fuertes
GPT-4	OpenAI	175B	Chatbots, generación de contenido	Precisión en respuestas complejas
LLaMA 2	Meta	65B	Investigación y despliegue en local	Optimizado para eficiencia en hardware
PaLM 2	Google	540B	Análisis de datos y comprensión profunda	Alto rendimiento en NLP
Claude 2	Anthropic	100B+	Conversaciones naturales y seguridad	Filtrado de sesgos y respuestas seguras
Mistral 7B	Mistral AI	7B	Modelos ligeros para IA local	Ligero y rápido para computación local

📌 **Ejemplo Práctico:**
Si quisieras crear un asistente de IA para negocios, GPT-4 o Claude 2 serían la mejor opción por su precisión en respuestas. Pero si buscas un modelo ligero para correr en una computadora personal, Mistral 7B es una mejor elección.

♟ **Ejercicio Adicional:** Elige dos modelos y compáralos con una misma pregunta. Analiza sus respuestas y describe cuál es mejor y por qué.

3.3. Generación de texto con IA: Chatbots y asistentes

📌 **¿Cómo se construye un chatbot con IA?**

Un chatbot es un programa que puede mantener conversaciones con los usuarios. Para que un chatbot sea útil, debe:

■ Comprender el contexto de la conversación.
■ Generar respuestas coherentes y naturales.
■ Aprender de interacciones previas (opcional).

📌 **Componentes clave de un chatbot:**
■ Modelo de lenguaje (GPT, LLaMA, BERT)
■ Interfaz de usuario (Chat en web, Telegram, WhatsApp)
■ Memoria para recordar contexto (Vectores, embeddings, base de datos)

📌 Ejemplo: Crear un chatbot simple con GPT-4 en Python

```python
import openai

def chatbot(pregunta):
    respuesta = openai.ChatCompletion.create(
        model="gpt-4",
        messages=[{"role": "user", "content": pregunta}]
    )
    return respuesta["choices"][0]["message"]["content"]

while True:
    entrada = input("Tú: ")
    if entrada.lower() == "salir":
        break
    print("Chatbot:", chatbot(entrada))
```

💡 Ejercicio: Modifica el chatbot para que almacene el historial de conversación y tenga mejor contexto.

3.4. Proyecto: Creación de un chatbot con GPT-4

📌 **Objetivo:**
Construiremos un chatbot avanzado con GPT-4 capaz de responder preguntas y mantener el contexto de la conversación.

📌 **Pasos del proyecto:**
⬛ Configurar una API de OpenAI para utilizar GPT-4.
⬛ Crear una interfaz web usando Flask o Streamlit.
⬛ Agregar memoria al chatbot con una base de datos SQLite o archivos JSON.

📌 **Ejemplo: Chatbot con Flask y GPT-4**

```
from flask import Flask, request, jsonify
import openai

app = Flask(__name__)
openai.api_key = "TU_CLAVE_API"


*continuación en página siguiente...
```

```
*continuación de código...

@app.route("/chat", methods=["POST"])
def chat():
 data = request.json
 respuesta = openai.ChatCompletion.create(
 model="gpt-4",
 messages=[{"role": "user", "content": data["mensaje"]}]
 )
    return   jsonify({"respuesta":   respuesta["choices"][0]
["message"]["content"]})

if __name__ == "__main__":
 app.run(debug=True)
```

Este código crea una API REST utilizando Flask para recibir un mensaje del usuario, enviarlo a GPT-4 y devolver la respuesta en formato JSON.

■ Importar las librerías necesarias

```
from flask import Flask, request, jsonify
import openai
```

📌 ¿Qué hacen estas importaciones?

■ Flask → Framework en Python para crear APIs de forma rápida y sencilla.

■ request → Permite recibir datos enviados por el usuario en una solicitud HTTP.

■ jsonify → Convierte la respuesta en formato JSON, que es estándar para APIs.

■ openai → Librería oficial de OpenAI para interactuar con GPT-4.

💡 Nota: Flask es una opción ligera para APIs. En entornos más grandes, se usa FastAPI, que tiene mejor rendimiento.

■ Crear la aplicación Flask y configurar la API de OpenAI

```
app = Flask(__name__)
openai.api_key = "TU_CLAVE_API"
```

📌 ¿Qué está haciendo aquí?

■ app = Flask(__name__)
Crea la aplicación Flask.

■ openai.api_key = "TU_CLAVE_API"
Configura la API key de OpenAI para poder hacer consultas a GPT-4.

Debes reemplazar "TU_CLAVE_API" con tu clave personal de OpenAI.

💡 Importante: Nunca subas tu clave de OpenAI a GitHub ni la compartas públicamente. Se recomienda almacenarla en variables de entorno.

◼ Definir la ruta /chat que manejará las solicitudes POST

```python
@app.route("/chat", methods=["POST"])
def chat():
    data = request.json
```

📌 ¿Qué hace esto?

◼ @app.route("/chat", methods=["POST"])

Define un endpoint en la API llamado /chat.

Solo permite solicitudes POST, lo cual es estándar para enviar datos en APIs.

◼ def chat():

Define la función que se ejecutará cuando alguien acceda a /chat.

◼ data = request.json

Obtiene los datos enviados por el usuario en formato JSON.

Flask convierte automáticamente el JSON en un diccionario de Python.

🎯 Ejemplo de solicitud enviada a /chat

Si un usuario envía esta solicitud POST a la API:

```json
{
    "mensaje": "¿Qué es la inteligencia artificial?"
}
```

📌 El diccionario data contendrá:

```python
data = {"mensaje": "¿Qué es la inteligencia artificial?"}
```

◼ Enviar la consulta a GPT-4 y obtener la respuesta

```
respuesta = openai.ChatCompletion.create(
    model="gpt-4",
              messages=[{"role":    "user",    "content":
data["mensaje"]}]
)
```

📌 ¿Qué hace esto?
◼ openai.ChatCompletion.create(...)
Llama a la API de OpenAI para generar una respuesta usando
GPT-4.
model="gpt-4"   Indica que se usará el modelo GPT-4.
messages=[...]   Especifica el contexto de la conversación.
◼ Estructura de messages

```
[
     {"role": "user", "content": "¿Qué es la inteligencia
artificial?"}
]
```

📌 ¿Qué significa cada "role" en messages?
 ◆ "system"   Da instrucciones generales al modelo (Ej.
"Responde de manera formal").
 ◆ "user"   Mensajes enviados por el usuario.
 ◆ "assistant"   Respuestas generadas por GPT-4.

🕯 Ejemplo con historial de conversación
 Si queremos mantener el contexto, podemos agregar
respuestas anteriores:

```
messages=[
    {"role": "system", "content": "Eres un asistente de IA
experto en tecnología."},
    {"role": "user", "content": "¿Qué es la IA?"},
    {"role": "assistant", "content": "La IA es la simulación
de procesos de inteligencia humana en máquinas."},
        {"role": "user", "content": "¿Cuáles son sus
aplicaciones?"}
]
```

Aquí, el modelo recordará que la conversación es sobre
inteligencia artificial.

■ Devolver la respuesta en formato JSON

```
return    jsonify({"respuesta":    respuesta["choices"][0]
["message"]["content"]})
```

📌 ¿Qué hace esto?
■ respuesta["choices"][0]["message"]["content"]
Obtiene el texto generado por GPT-4.
■ Ejemplo de salida:
Si GPT-4 responde con:

```
"message": {"content": "La inteligencia artificial es una
rama de la computación que estudia cómo hacer que
las máquinas piensen."}
```

Entonces, la API devolverá:

```
{"respuesta": "La inteligencia artificial es una rama de la
computación que estudia cómo hacer que las máquinas
piensen."}
```

■ jsonify(...)
Convierte la respuesta en formato JSON, lo que facilita su uso
en aplicaciones web o móviles.

■ Ejecutar la API Flask

```
if __name__ == "__main__":
    app.run(debug=True)
```

📌 ¿Qué hace esto?
■ if __name__ == "__main__":
Permite ejecutar el script directamente.
■ app.run(debug=True)
Inicia el servidor Flask y lo pone en modo depuración
(debug=True), lo que facilita encontrar errores.
💡 Para ejecutar la API, usa en la terminal:

```
python nombre_del_archivo.py
```

Luego, puedes probarla en Postman o cURL.

📌 Resumen del Código

⬛ Crea una API con Flask.

⬛ Recibe un mensaje en formato JSON.

⬛ Lo envía a GPT-4 mediante la API de OpenAI.

⬛ Devuelve la respuesta generada en formato JSON.

⬛ Ejecuta la API en localhost:5000/chat para recibir solicitudes POST.

📌 Posibles Mejoras

⬛ Manejar errores: ¿Qué pasa si OpenAI no responde? Podemos agregar control de errores:

```
try:
    respuesta = openai.ChatCompletion.create(
        model="gpt-4",
                    messages=[{"role": "user", "content":
data["mensaje"]}]
    )
        return jsonify({"respuesta": respuesta["choices"][0]
["message"]["content"]})
except Exception as e:
    return jsonify({"error": str(e)})
```

⬛ Mantener el historial de conversación: Para que el chatbot recuerde las preguntas previas.

⬛ Añadir autenticación: Para evitar que cualquiera abuse de la API.

⬛ Desplegar en un servidor en la nube: Para que el chatbot esté disponible públicamente.

📌 Ejercicio Adicional

📌 Modifica el código para:

◆ Hacer que el bot recuerde el historial de conversación.

◆ Responder de manera más formal o específica según las instrucciones del "system".

◆ Agregar un límite de caracteres en la respuesta para evitar respuestas muy largas.

🚀 Este código es fundamental porque enseña cómo conectar IA con aplicaciones reales.

📌 Ejercicios Finales del Capítulo 3

■ Explica la diferencia entre un Transformer y un LSTM.

■ Investiga y compara los modelos GPT-4 y LLaMA 2.

■ Crea un chatbot usando GPT-4 que pueda recordar conversaciones previas.

■ Construye una aplicación con Flask o Streamlit donde los usuarios puedan hablar con un chatbot basado en GPT-4.

Capítulo 4: IA en Producción y Escalabilidad

Una cosa es entrenar un modelo de Machine Learning en un entorno de desarrollo, pero otra muy distinta es llevarlo a producción, donde debe ser escalable, eficiente y robusto.

Este capítulo aborda las prácticas esenciales para desplegar modelos de IA en producción, incluyendo MLOps, optimización de modelos y el uso de IA en dispositivos de borde (Edge AI). También culminaremos con un proyecto práctico donde implementaremos IA en un entorno de IoT.

4.1. Prácticas de MLOps: CI/CD para Machine Learning

📌 ¿Qué es MLOps y por qué es importante?

MLOps (Machine Learning Operations) es una disciplina que aplica principios de DevOps a la Inteligencia Artificial, asegurando que los modelos de Machine Learning sean fáciles de desplegar, mantener y escalar.

■ Beneficios de MLOps en producción

Beneficio	Descripción
Automatización	Reduce la intervención manual en el despliegue.
Monitoreo	Permite detectar fallos en los modelos en tiempo real.
Reentrenamiento	Facilita la actualización de modelos con nuevos datos.
Colaboración	Mejora la integración entre equipos de ciencia de datos y desarrollo.

📌 CI/CD en Machine Learning

CI/CD (Continuous Integration / Continuous Deployment) es un conjunto de prácticas que permiten la integración continua de cambios en modelos de Machine Learning.

📌 Pasos en una pipeline de CI/CD para Machine Learning:

⬛ Paso 1: Entrenamiento del modelo   Se entrena y evalúa el modelo con nuevos datos.

⬛ Paso 2: Pruebas automatizadas   Se validan métricas de precisión antes de desplegar.

⬛ Paso 3: Despliegue automático   Si las pruebas son exitosas, el modelo se actualiza en producción.

⬛ Paso 4: Monitoreo   Se rastrea el rendimiento del modelo y se ajusta si es necesario.

📌 Ejemplo de CI/CD para Machine Learning con GitHub Actions y Docker

```
name: ML Pipeline CI/CD

on:
  push:
    branches:
      - main

jobs:
  build:
    runs-on: ubuntu-latest
    steps:
      - name: Clonar repositorio
        uses: actions/checkout@v2
```

*continúa en página siguiente.

> ...continuación de código.
>
> - name: Construir imagen Docker
>   run: docker build -t mi-modelo-ml .
>
> - name: Ejecutar pruebas
>   run: python test_model.py
>
> - name: Desplegar en servidor
>   run: docker run -d -p 5000:5000 mi-modelo-ml

♟ Ejercicio: Implementa un pipeline básico de CI/CD usando GitHub Actions para entrenar y desplegar un modelo de Machine Learning en la nube.

4.2. Optimización de Modelos para Producción

📌 **¿Por qué optimizar un modelo antes de desplegarlo?**

Un modelo en producción debe ser rápido, liviano y eficiente para que pueda responder en tiempo real sin consumir demasiados recursos.

■ **Técnicas de optimización de modelos**

Técnica	Beneficio	Ejemplo de uso
Cuantización	Reduce el tamaño del modelo	TensorFlow Lite, ONNX
Pruning	Elimina neuronas innecesarias	Modelos en dispositivos móviles
Knowledge Distillation	Comprime un modelo grande en uno más pequeño	Transformers para aplicaciones móviles

📌 Ejemplo de cuantización en TensorFlow para reducir el tamaño de un modelo

```python
import tensorflow as tf

modelo = tf.keras.models.load_model("modelo.h5")

# Convertir el modelo a TensorFlow Lite
convertidor                                    =
tf.lite.TFLiteConverter.from_keras_model(modelo)
convertidor.optimizations = [tf.lite.Optimize.DEFAULT]
modelo_tflite = convertidor.convert()

# Guardar modelo optimizado
with open("modelo_cuantizado.tflite", "wb") as f:
    f.write(modelo_tflite)
```

📌 Explicación del Código: Conversión y Cuantización de un Modelo de IA para Producción

Este código convierte un modelo de TensorFlow en un modelo optimizado de TensorFlow Lite y aplica cuantización, una técnica clave para reducir el tamaño del modelo y mejorar su rendimiento en dispositivos con recursos limitados.

◼ Cargar el Modelo Preentrenado

El código comienza cargando un modelo previamente entrenado en TensorFlow con la función load_model().

💡 Ejemplo de modelos que podrías convertir:

- Un modelo de clasificación de imágenes entrenado con CNNs.

- Un modelo de procesamiento de lenguaje natural basado en redes recurrentes o Transformers.

El modelo debe estar guardado en formato .h5, que es el formato estándar para modelos de Keras/TensorFlow.

■ Convertir el Modelo a TensorFlow Lite

Para que el modelo pueda ejecutarse en dispositivos móviles o embebidos, se usa TFLiteConverter.

📌 ¿Qué hace la conversión?

■ Convierte el modelo de su formato original (.h5) a un formato mucho más ligero (.tflite).

■ Permite que el modelo se ejecute en dispositivos sin depender de TensorFlow completo.

■ Reduce el uso de memoria y acelera la inferencia.

En este proceso, también se aplica cuantización, una técnica que reemplaza los valores de precisión flotante (FP32) por valores más pequeños (como INT8 o FP16), lo que reduce el tamaño del modelo sin afectar demasiado la precisión.

💡 Ejemplo de reducción de tamaño:

- Un modelo de 100 MB en TensorFlow puede reducirse a 10 MB con cuantización INT8.

■ Aplicar Cuantización

El código establece convertidor.optimizations = [tf.lite.Optimize.DEFAULT], que le dice a TensorFlow que aplique una optimización automática.

📌 Tipos de Cuantización:

■ Post-Training Quantization (Cuantización después del entrenamiento):

- Se reduce la precisión del modelo sin necesidad de volver a entrenarlo.
- Ideal para dispositivos móviles y embebidos.

⬛ Quantization-Aware Training (Cuantización durante el entrenamiento):
- Se entrena el modelo teniendo en cuenta la reducción de precisión.
- Ofrece mejor rendimiento pero requiere modificar el entrenamiento original.

💡 Cuándo usar cada una:
- Si ya tienes un modelo entrenado y solo quieres reducir su tamaño → Post-Training Quantization.
- Si estás entrenando un nuevo modelo y quieres máxima eficiencia → Quantization-Aware Training.

⬛ **Guardar el Modelo Optimizado**
Finalmente, el modelo convertido se guarda en un archivo .tflite para que pueda usarse en dispositivos de bajo consumo como móviles, Raspberry Pi o sistemas embebidos.
📌 ¿Cómo usar este modelo después?
- Puede cargarse en TensorFlow Lite y ejecutarse en una aplicación móvil.
- Puede integrarse en una API o un servidor en la nube para hacer predicciones más rápidas.

4.3. Edge AI: IA en dispositivos móviles y embebidos

📌 **¿Qué es Edge AI?**
La Edge AI es el uso de modelos de inteligencia artificial en dispositivos de borde, como teléfonos, cámaras de seguridad o sensores IoT, en lugar de depender de servidores en la nube.

■ Beneficios de Edge AI

Beneficio	Explicación
Menor latencia	Procesamiento en el propio dispositivo sin enviar datos a la nube.
Mayor privacidad	Los datos no salen del dispositivo, aumentando la seguridad.
Menos consumo de red	No se requiere conexión constante a Internet.

📌 Ejemplo de implementación de IA en un dispositivo móvil con TensorFlow Lite

```python
import tensorflow.lite as tflite

# Cargar modelo optimizado
interpreter                                          =
tflite.Interpreter(model_path="modelo_cuantizado.tflite"
)
interpreter.allocate_tensors()

# Obtener información de entrada y salida
input_details = interpreter.get_input_details()
output_details = interpreter.get_output_details()

print("Entrada:", input_details)
print("Salida:", output_details)
```

💡 Ejercicio: Instala TensorFlow Lite en un Raspberry Pi y prueba un modelo de clasificación de imágenes.

4.4. Proyecto: IA en un entorno real con IoT

📌 **Objetivo**: Desplegar un modelo de IA en un dispositivo IoT para tomar decisiones en tiempo real.

📌 **Ejemplo de aplicación:**

⬛ Monitorización de temperatura en una fábrica   Si el sensor detecta un valor anormal, la IA envía una alerta.

⬛ Reconocimiento de rostros en cámaras de seguridad Detectar personas no autorizadas sin depender de la nube.

📌 **Pasos del Proyecto:**

⬛ Conectar un dispositivo IoT (Ej. Raspberry Pi, Arduino, ESP32).

⬛ Entrenar un modelo liviano (Ej. Clasificación de imágenes con TensorFlow Lite).

⬛ Implementar el modelo en el dispositivo y hacer inferencias en tiempo real.

📌 **Ejemplo** de código: Desplegar un modelo de detección de temperatura con Raspberry Pi

```
import tensorflow.lite as tflite
import Adafruit_DHT

# Cargar modelo entrenado
interpreter                                =
tflite.Interpreter(model_path="modelo_temp.tflite")
interpreter.allocate_tensors()
```

*continuación en página siguiente....

*continuación de código...

```python
# Leer temperatura del sensor
sensor = Adafruit_DHT.DHT11
pin = 4
humidity, temperature = Adafruit_DHT.read_retry(sensor, pin)

# Hacer predicción con IA
input_tensor = interpreter.tensor(interpreter.get_input_details()[0]['index'])
input_tensor()[0] = temperature

interpreter.invoke()
output = interpreter.tensor(interpreter.get_output_details()[0]['index'])()
print("Predicción:", output)
```

💡 **Ejercicio Final:** Construye un sistema de reconocimiento de imágenes en Raspberry Pi usando TensorFlow Lite.

Guía paso a paso para el despliegue en la nube

📌 Cómo desplegar un modelo de IA en Google Cloud

Para que un modelo de IA esté disponible para usuarios finales, debe ser desplegado en un servidor. Google Cloud AI permite hacerlo fácilmente.

◆ Pasos para desplegar un modelo en Google Cloud AI:

⬛ Entrenar y guardar el modelo en formato .pkl o .h5.
⬛ Subir el modelo a Google Cloud Storage.
⬛ Crear una API con Flask o FastAPI.
⬛ Desplegar en un servicio como Cloud Run.

📌 Ejemplo de API Flask para Google Cloud Run

```python
from flask import Flask, request, jsonify
import joblib

app = Flask(__name__)
modelo = joblib.load("modelo.pkl")

@app.route("/predict", methods=["POST"])
def predict():
    datos = request.json["input"]
    prediccion = modelo.predict([datos])
    return jsonify({"predicción": prediccion.tolist()})

if __name__ == "__main__":
    app.run(debug=True)
```

📌 Ejercicio Adicional: Implementa esta API y pruébala con Postman o cURL para enviar predicciones en tiempo real.

📌 Ejercicios Finales del Capítulo 4

⬛ Explica por qué MLOps es importante en la IA moderna.

⬛ Configura una pipeline de CI/CD en GitHub Actions para desplegar un modelo de Machine Learning.

⬛ Optimiza un modelo de visión por computadora con cuantización y pruning.

⬛ Despliega un modelo de IA en un dispositivo IoT y haz una inferencia en tiempo real.

■ Capítulo 5: Tendencias y Futuro de la IA

La inteligencia artificial está en constante evolución y sus avances están transformando múltiples sectores. En este capítulo, exploraremos las tendencias más innovadoras en IA, como IA cuántica, modelos multimodales y IA generativa, así como las oportunidades y riesgos que implican. Finalizaremos con predicciones sobre el futuro de la IA en la próxima década.

5.1. IA Cuántica: ¿qué es y cómo cambiará el mundo?

📌 ¿Qué es la IA Cuántica?

La IA Cuántica combina la inteligencia artificial con la computación cuántica para resolver problemas que las computadoras tradicionales no pueden manejar eficientemente.

📌 Diferencia entre Computación Clásica y Cuántica

Característica	Computación Clásica	Computación Cuántica
Unidad de Información	Bit (0 o 1)	Qubit (0, 1 o superposición)
Velocidad de Procesamiento	Lineal	Exponencial
Casos de uso	Cálculos matemáticos, IA tradicional	Optimización, simulaciones, IA avanzada

📌 Ejemplo de algoritmo cuántico aplicado a IA (Ejemplo con Qiskit en Python)

```
from qiskit import QuantumCircuit, Aer, execute

# Crear un circuito cuántico de 2 qubits
qc = QuantumCircuit(2)
qc.h(0)  # Aplicar puerta Hadamard para superposición
qc.cx(0, 1)  # Aplicar entrelazamiento cuántico

# Simular el circuito
simulador = Aer.get_backend("statevector_simulator")
resultado = execute(qc, simulador).result()
print(resultado.get_statevector())
```

💡 **Ejercicio**: Investiga cómo Google y IBM están aplicando IA Cuántica en el mundo real.

5.2. Modelos multimodales (texto, imagen, audio combinados)

📌 **¿Qué son los modelos multimodales?**
Los modelos multimodales pueden procesar y combinar diferentes tipos de datos (texto, imágenes, audio, video) en un mismo modelo.

■ Ejemplos de Modelos Multimodales

Modelo	Empresa	Capacidades
GPT-4V (Visión)	OpenAI	Procesa texto e imágenes
Flamingo	DeepMind	Entiende relaciones entre imágenes y texto
Whisper	OpenAI	Transcripción y generación de audio

📌 Ejemplo de uso de GPT-4V para analizar imágenes

```python
import openai

openai.api_key = "TU_CLAVE_API"

respuesta = openai.ChatCompletion.create(
    model="gpt-4-vision-preview",
    messages=[
        {"role": "user", "content": "Describe esta imagen"},
            {"role": "user", "content": {"image_url":
"URL_DE_LA_IMAGEN"}}
    ]
)

print(respuesta["choices"][0]["message"]["content"])
```

🔑 Ejercicio: Investiga cómo modelos multimodales pueden mejorar la accesibilidad para personas con discapacidad.

📌 ¿Cómo se aplica la computación cuántica a la IA?

Los algoritmos de Machine Learning tradicionales tienen problemas con optimización y simulaciones en gran escala. La computación cuántica permite resolver estos problemas más rápido.

Ejemplo: Algoritmo Cuántico para Machine Learning

```
from qiskit import QuantumCircuit, Aer, execute

# Crear un circuito cuántico de 2 qubits
qc = QuantumCircuit(2)
qc.h(0)  # Puerta Hadamard para superposición
qc.cx(0, 1)  # Entrelazamiento cuántico

# Simular el circuito
simulador = Aer.get_backend("statevector_simulator")
resultado = execute(qc, simulador).result()
print(resultado.get_statevector())
```

📌 Explicación:

⬛ Puerta Hadamard (H)   Pone el qubit en un estado de superposición.

⬛ Entrelazamiento (CX)   Conecta dos qubits para que sus estados estén relacionados.

⬛ Simulación de estado cuántico   Permite visualizar cómo se comporta la información en un sistema cuántico.

💡 Ejercicio Adicional: Investiga cómo se usa la computación cuántica para mejorar la seguridad en la transmisión de datos.

5.3. IA Generativa: oportunidades y riesgos

📌 ¿Qué es la IA Generativa?

La IA Generativa crea contenido nuevo, como imágenes, texto, música y código, a partir de datos existentes. Modelos como DALL·E, Stable Diffusion y GPT-4 han demostrado su enorme potencial.

◼ Aplicaciones de IA Generativa

Aplicación	Ejemplo
Arte y Diseño	DALL·E crea ilustraciones a partir de texto
Escritura Automática	GPT-4 genera artículos y libros
Música	Jukebox de OpenAI compone canciones
Cine y Videojuegos	Modelos de IA crean animaciones realistas

📌 Riesgos de la IA Generativa

◆ Deepfakes y desinformación   Puede generar contenido falso altamente realista.

◆ Plagio y derechos de autor   Dificultad para determinar si el contenido generado es original.

◆ Uso malintencionado   Generación de noticias falsas, fraude digital, etc.

📌 Ejemplo de generación de imágenes con DALL·E

```
import openai

openai.api_key = "TU_CLAVE_API"

respuesta = openai.Image.create(
    prompt="Un robot pintando en un museo",
    n=1,
    size="1024x1024"
)

print(respuesta["data"][0]["url"])
```

💡 Ejercicio: Genera imágenes con DALL·E y analiza posibles sesgos en los resultados.

📌 Cómo entrenar un modelo generativo desde cero

Los modelos como GPT-4 o Stable Diffusion están preentrenados en grandes cantidades de datos, pero ¿qué pasa si queremos entrenar nuestro propio modelo generativo?

◆ Pasos para entrenar un modelo generativo:

⬛ Recopilación de Datos   Obtener imágenes/texto para entrenar.
⬛ Preprocesamiento   Limpiar y normalizar los datos.
⬛ Definir la Arquitectura   Elegir entre GANs, VAEs o Transformers.

■ Entrenar el Modelo   Usar GPUs/TPUs para acelerar el proceso.
■ Evaluación y Ajustes   Mejorar la calidad de las muestras generadas.

📌 Ejemplo: Entrenar un modelo GAN en Keras

```python
from tensorflow.keras.models import Sequential
from tensorflow.keras.layers import Dense

def generador():
    modelo = Sequential([
        Dense(128, activation='relu', input_shape=(100,)),
        Dense(784, activation='sigmoid')
    ])
    return modelo
```

Este código define el generador de una GAN (Generative Adversarial Network) utilizando Keras y TensorFlow.

📌 ¿Qué es una GAN?
■ Es un tipo de modelo de IA Generativa compuesto por dos redes neuronales:
■ Generador   Crea datos falsos pero realistas.
■ Discriminador   Distingue entre datos reales y generados.
El objetivo es que el generador aprenda a engañar al discriminador hasta que los datos generados sean indistinguibles de los reales.

📌 Ejemplo de uso de GANs:
- Generación de imágenes falsas (ej. DeepFakes).
- Restauración de fotos antiguas.
- Creación de arte digital.

◼ Importación de Librerías
El código usa TensorFlow y Keras, que son frameworks esenciales para construir redes neuronales.
📌 ¿Por qué Keras?
◼ Es fácil de usar y permite definir modelos de Deep Learning en pocas líneas.
◼ Funciona sobre TensorFlow, lo que permite aprovechar GPUs para entrenar más rápido.

◼ Definir el Generador
La función generador() crea un modelo secuencial (Sequential), lo que significa que las capas se agregan una tras otra en orden.
📌 Arquitectura del Generador:
◼ Capa de entrada:
- input_shape=(100,)   El generador recibe 100 números aleatorios como entrada.
- Estos números provienen de una distribución aleatoria y sirven como "semilla" para crear datos sintéticos.
◼ Capa oculta:
- Dense(128, activation='relu')   Tiene 128 neuronas con activación ReLU, que ayuda a capturar patrones complejos.
◼ Capa de salida:
- Dense(784, activation='sigmoid')   Genera 784 valores entre 0 y 1, que representan una imagen de 28x28 píxeles en escala de grises (como el dataset MNIST de dígitos escritos a mano).

- Sigmoid se usa porque queremos valores entre 0 (negro) y 1 (blanco), adecuados para imágenes.

◼ ¿Cómo Funciona el Generador?
🚀 En un entrenamiento real de una GAN:

◼ El generador toma una semilla aleatoria y crea una imagen falsa.

◼ El discriminador la evalúa y le dice qué tan realista es.

◼ El generador ajusta sus pesos para mejorar la calidad de las imágenes.

💡 Ejemplo:

Si entrenamos una GAN para generar caras humanas, el generador al inicio creará imágenes borrosas. Pero con el tiempo, aprenderá a generar caras realistas porque el discriminador lo obliga a mejorar.

◼ ¿Qué Falta en Este Código?
Este código solo define el generador, pero para que funcione en una GAN real necesitamos:

◼ Un discriminador que evalúe las imágenes generadas.

◼ Un proceso de entrenamiento para mejorar el generador y el discriminador juntos.

💡 En una GAN completa, conectaríamos este generador con un discriminador y entrenaríamos ambos en conjunto.

🚀 Resumen del Código

◼ Crea un generador de imágenes falsas usando redes neuronales.

◼ Toma como entrada 100 valores aleatorios (ruido).

◼ Genera una imagen de 28x28 píxeles en escala de grises.

◼ Se entrena dentro de una GAN para mejorar la calidad de las imágenes falsas.

🚀 Este código es la base de muchas aplicaciones de IA generativa. 🚀

5.4. ¿Hacia dónde vamos? Predicciones para la próxima década

📌 El futuro de la IA traerá avances en varias áreas clave:

◼ IA Autónoma   Modelos de IA que toman decisiones sin intervención humana.

◼ IA en salud   Diagnósticos médicos más precisos con Machine Learning.

◼ IA Ética y regulaciones   Creciente necesidad de normas legales para el uso responsable de la IA.

◼ Fusión con Realidad Aumentada y Virtual   Interfaces más intuitivas y personalizadas.

◼ Predicciones sobre la evolución de la IA (2025-2035)

Año	Avance esperado
2025	Modelos multimodales mejorados con comprensión contextual.
2027	Primeras regulaciones internacionales estrictas sobre IA generativa.
2030	IA integrada en todos los ámbitos de la vida cotidiana.
2035	IA cuántica comienza a resolver problemas a gran escala.

💡 **Ejercicio**: Escribe un ensayo de 500 palabras sobre cómo crees que la IA cambiará tu industria en los próximos 10 años.

📌 Ejercicios Finales del Capítulo 5

⬛ Explica cómo la computación cuántica mejorará los modelos de IA.

⬛ Compara un modelo multimodal con un modelo tradicional de NLP.

⬛ Prueba una IA Generativa (ChatGPT, DALL·E, Stable Diffusion) y evalúa sus resultados.

⬛ Investiga las regulaciones de IA en diferentes países y explica sus impactos.

5.4. ¿Hacia dónde vamos? Predicciones para la próxima década

📌 El futuro de la IA traerá avances en varias áreas clave:

■ **IA Autónoma**: Modelos de IA que toman decisiones sin intervención humana.

■ **IA en salud**: Diagnósticos médicos más precisos con Machine Learning.

■ **IA Ética y regulaciones**: Creciente necesidad de normas legales para el uso responsable de la IA.

■ **Realidad Aumentada y Virtual**: Interfaces más intuitivas y personalizadas.

■ **Predicciones sobre la evolución de la IA (2025-2035)**

Año	Avance esperado
2025	Modelos multimodales mejorados con comprensión contextual. Fusión con X.
2027	Primeras regulaciones internacionales estrictas sobre IA generativa.
2030	IA integrada en todos los ámbitos de la vida cotidiana.
2035	IA cuántica comienza a resolver problemas a gran escala.

💡 **Ejercicio**: Escribe un ensayo de 500 palabras sobre cómo crees que la IA cambiará tu industria en los próximos 10 años.

📌 Ejercicios Finales del Capítulo 5

■ Explica cómo la computación cuántica mejorará los modelos de IA.

■ Compara un modelo multimodal con un modelo tradicional de NLP.

■ Prueba una IA Generativa (ChatGPT, DALL·E, Stable Diffusion) y evalúa sus resultados.

■ Investiga las regulaciones de IA en diferentes países y explica sus impactos.

📌 Test Final: Comprueba tu conocimiento

Capítulo 1: Redes Neuronales Profundas

■ ¿Cuál es la principal ventaja de los Transformers sobre las RNNs?

a) Necesitan menos datos para entrenar.

b) Procesan la información en paralelo en lugar de secuencialmente.

c) Son más fáciles de interpretar.

■ ¿Qué tipo de modelo se usa para eliminar ruido en imágenes?

a) CNN

b) Autoencoder

c) GAN

■ ¿Qué técnica se usa en GANs para que el generador y discriminador mejoren juntos?

a) Regularización L2

b) Entrenamiento adversarial

c) Aprendizaje por refuerzo

Capítulo 2: Visión por Computadora Avanzada

■ ¿Qué modelo es conocido por su rapidez en detección de objetos?

a) YOLO

b) Faster R-CNN

c) UNet

■ ¿Qué diferencia a UNet de otros modelos de segmentación?

a) Utiliza una arquitectura en forma de U para mejorar el detalle en las imágenes segmentadas.

b) Es el modelo más rápido disponible.

c) Funciona solo en imágenes en blanco y negro.

■ ¿Cuál es la principal diferencia entre clasificación y segmentación?

a) La clasificación solo da una etiqueta general, mientras que la segmentación clasifica píxel por píxel.

b) No hay diferencia, ambos hacen lo mismo.

c) La segmentación es más rápida pero menos precisa.

Capítulo 3: Modelos de Lenguaje de Última Generación

■ ¿Cuál es la característica clave del mecanismo de atención en los Transformers?

a) Permite a la red neuronal enfocarse en diferentes partes del texto simultáneamente.

b) Funciona mejor con secuencias cortas de texto.

c) Es una técnica utilizada solo en imágenes.

■ ¿Qué modelo se usa para combinar texto e imágenes en un solo sistema?

a) GPT-4V

b) LSTM

c) YOLO

■ ¿Qué técnica permite a modelos como GPT-4 "recordar" partes anteriores de un texto largo?

a) Fine-tuning

b) Tokenización

c) Ventana de contexto

Capítulo 4: IA en Producción y Escalabilidad

■ ¿Qué significa MLOps?

a) Machine Learning Operations: Prácticas para la implementación y mantenimiento de modelos de IA en producción.

b) Un nuevo tipo de red neuronal.

c) Un algoritmo de entrenamiento.

■■ ¿Qué técnica reduce el tamaño de un modelo sin afectar su precisión significativamente?

a) Cuantización

b) Regularización

c) Transfer Learning

■■ ¿Cuál es la ventaja principal de Edge AI?

a) Reduce la necesidad de conexión a internet para inferencias de IA.

b) Hace que los modelos sean más precisos.

c) Permite entrenar modelos en menos tiempo.

Capítulo 5: Tendencias y Futuro de la IA

■■ ¿Qué tipo de problemas puede resolver la IA Cuántica?

a) Problemas de optimización complejos que las computadoras clásicas no pueden resolver eficientemente.

b) Solo problemas de visión por computadora.

c) Análisis de sentimientos en texto.

■■ ¿Cuál es una de las preocupaciones principales de la IA generativa?

a) Su incapacidad para aprender.

b) La generación de contenido falso y la desinformación.

c) Su falta de velocidad en la generación de texto.

■■ ¿Qué avances se esperan en la IA en la próxima década?

a) Integración con realidad aumentada y mejores capacidades de razonamiento autónomo.

b) Disminución de su impacto en la vida diaria.

c) Reducción en la cantidad de datos que necesita para entrenar.

Respuestas del Test Final

- 1b
- 2b
- 3b
- 4a
- 5a
- 6a
- 7a
- 8a
- 9c
- 10a
- 11a
- 12a
- 13a
- 14b
- 15a

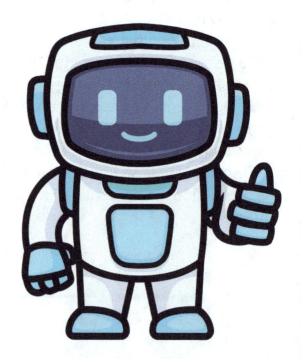

Apéndice: Recursos y herramientas recomendadas

Este apéndice proporciona recursos clave para seguir explorando la IA y aplicar lo aprendido en proyectos avanzados.

📌 **Librerías y Frameworks de IA**

◆ TensorFlow – Biblioteca de código abierto para Machine Learning y Deep Learning, desarrollada por Google.

◆ PyTorch – Framework de IA desarrollado por Meta, ampliamente usado en investigación.

◆ ONNX – Formato abierto para exportar modelos de IA y ejecutarlos en múltiples plataformas.

◆ Hugging Face Transformers – Repositorio líder en modelos de NLP preentrenados.

◆ Scikit-learn – Biblioteca para Machine Learning tradicional en Python.

📌 **Plataformas para Entrenar y Desplegar Modelos**

◆ Google Colab – Entorno gratuito basado en la nube para entrenar modelos con GPUs y TPUs.

◆ AWS SageMaker – Plataforma de Amazon para entrenar y desplegar modelos a gran escala.

◆ Hugging Face Spaces – Hospedaje gratuito para modelos de IA interactivos.

◆ Google Cloud AI – Servicios de IA listos para producción en la nube de Google.

📌 **Comunidades y Cursos**

◆ Fast.ai – Curso gratuito de Deep Learning accesible para principiantes.

◆ Coursera – Andrew Ng's Deep Learning Specialization – Curso líder en redes neuronales.

◆ ArXiv y Papers With Code – Recursos clave para leer los últimos avances en IA.

⬛ Proyecto Final: Creación de un Asistente Virtual Inteligente

📌 **Descripción del Proyecto**

En este proyecto final, construirás un asistente virtual basado en IA que pueda responder preguntas, generar texto y recordar el contexto de una conversación.

📌 **Objetivos**

⬛ Integrar GPT-4 en una API para interactuar con el usuario.
⬛ Usar FastAPI para construir una API REST.
⬛ Desplegar el asistente en Streamlit para una interfaz web interactiva.

📌 **Desarrollo del Proyecto**

⬛ Configurar GPT-4 con OpenAI API

```python
import openai

openai.api_key = "TU_CLAVE_API"

def responder_pregunta(mensaje):
    respuesta = openai.ChatCompletion.create(
        model="gpt-4",
        messages=[{"role": "user", "content": mensaje}]
    )
    return respuesta["choices"][0]["message"]["content"]

print(responder_pregunta("¿Cómo        funciona    un
Transformer?"))
```

■ Crear una API con FastAPI

```python
from fastapi import FastAPI
import openai

app = FastAPI()
openai.api_key = "TU_CLAVE_API"

@app.post("/chat")
def chat(mensaje: str):
    respuesta = openai.ChatCompletion.create(
        model="gpt-4",
        messages=[{"role": "user", "content": mensaje}]
    )
        return {"respuesta": respuesta["choices"][0]
["message"]["content"]}

if __name__ == "__main__":
    import uvicorn
    uvicorn.run(app, host="0.0.0.0", port=8000)
```

■ Crear una interfaz con Streamlit

```python
import streamlit as st
import requests

st.title("Asistente Virtual IA")

mensaje = st.text_input("Escribe tu pregunta:")

if st.button("Enviar"):
    respuesta = requests.post("http://localhost:8000/chat", json={"mensaje": mensaje})
    st.write(respuesta.json()["respuesta"])
```

Expansión del Proyecto

📌 Añadir memoria – Guardar el historial de conversación en una base de datos.

📌 Conexión con Telegram – Implementar el asistente en un bot de Telegram.

📌 Despliegue en la nube – Usar Google Cloud o AWS para que el asistente esté disponible en línea.

■ Glosario de términos clave

Deep Learning
Es un campo del Machine Learning basado en redes neuronales profundas. Se usa en tareas complejas como visión por computadora, reconocimiento de voz y procesamiento de lenguaje natural.

Transformers
Arquitectura de redes neuronales introducida en 2017 que ha revolucionado el NLP y la IA multimodal gracias a su mecanismo de atención.

MLOps (Machine Learning Operations)
Conjunto de prácticas para gestionar el ciclo de vida de modelos de Machine Learning en producción, similar a DevOps pero aplicado a IA.

Edge AI
Ejecución de modelos de IA en dispositivos embebidos como teléfonos, cámaras o IoT, sin necesidad de conexión constante a la nube.

Cuantización
Técnica que reduce el tamaño de un modelo de IA al representar los pesos en menor precisión (por ejemplo, de 32 bits a 8 bits) para mejorar el rendimiento en dispositivos con recursos limitados.

Pruning
Eliminación de conexiones neuronales redundantes en una red neuronal para reducir su tamaño sin afectar su precisión significativamente.

GANs (Generative Adversarial Networks)

Redes Generativas Adversariales que enfrentan dos modelos: un generador y un discriminador, para crear contenido realista como imágenes o texto.

Redes Neuronales Convolucionales (CNNs)

Tipo de red neuronal diseñada para analizar imágenes mediante filtros que detectan características como bordes, texturas y formas.

Redes Neuronales Recurrentes (RNNs)

Modelos de IA que pueden manejar secuencias de datos al mantener información a través de estados internos. Son usados en procesamiento de lenguaje y series temporales.

Autoencoders

Modelos de redes neuronales utilizados para reducir la dimensionalidad de los datos o eliminar ruido de imágenes y señales.

Transfer Learning

Método que permite reutilizar un modelo preentrenado en una nueva tarea, reduciendo el tiempo y la cantidad de datos necesarios para entrenar.

Fine-tuning

Ajuste de un modelo preentrenado en un conjunto de datos específico para mejorar su rendimiento en una tarea concreta.

Modelos Multimodales

Modelos que combinan diferentes tipos de datos (texto, imagen, audio) para mejorar su capacidad de comprensión y generación de información.

Computación Cuántica

Nuevo paradigma de computación basado en qubits, que permite realizar cálculos exponencialmente más rápidos en comparación con la computación clásica.

Pipeline de CI/CD en Machine Learning

Proceso automatizado para integrar, probar y desplegar modelos de IA de forma continua.

🎉 ¡Felicidades! Has llegado al final del tercer y último volumen de la serie IA desde Cero.

A lo largo de estos tres libros, has recorrido un viaje desde los fundamentos básicos hasta el nivel avanzado, pasando por el aprendizaje automático, redes neuronales profundas, visión por computadora, NLP, MLOps, IA generativa y mucho más.

Ahora eres capaz de:

■ Comprender cómo funciona la inteligencia artificial desde sus bases.

■ Desarrollar modelos de Machine Learning y Deep Learning.

■ Optimizar y desplegar modelos de IA en producción con buenas prácticas.

■ Aplicar IA a problemas reales y explorar su futuro.

🚀 Tu camino en la IA no termina aquí. La inteligencia artificial sigue evolucionando, y con estos conocimientos, puedes seguir aprendiendo, investigando y aplicando IA en el mundo real.

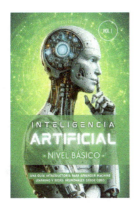 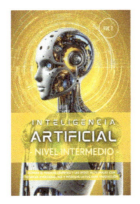 

📕 La serie completa "IA desde Cero"

A lo largo de estos tres volúmenes, hemos construido una guía progresiva para el aprendizaje de la inteligencia artificial.

📖 Volumen 1 – IA desde Cero: Nivel Básico
   Aprende los fundamentos de la inteligencia artificial, Machine Learning y redes neuronales desde cero.

📖 Volumen 2 – IA desde Cero: Nivel Intermedio
 Domina técnicas más avanzadas de Machine Learning, NLP y redes neuronales convolucionales.

📖 Volumen 3 – IA desde Cero: Nivel Avanzado
   Explora MLOps, IA en producción, IA generativa y las tendencias futuras en inteligencia artificial.

◆ Si has completado toda la serie, ya has construido una base sólida en IA. Pero el aprendizaje nunca termina. Ahora, puedes seguir con cursos avanzados, proyectos de investigación o incluso contribuir al desarrollo de la IA con código abierto.

📌 Gracias por formar parte de esta serie. ¡Nos vemos en la próxima aventura en IA! 🚀⬤

"La IA es la nueva electricidad. Transformará todas las industrias."

– Andrew Ng

🙏 ¡Tu Opinión es Muy Importante!
Gracias por haber leído "Inteligencia Artificial - Nivel Avanzado". Espero que este libro te haya sido útil para llevar tus conocimientos de IA al siguiente nivel y explorar técnicas avanzadas como MLOps, modelos multimodales e IA generativa.

Si disfrutaste el contenido y te ayudó a aprender, te agradecería mucho que dejaras una reseña en Amazon. Tus comentarios no solo me ayudan a mejorar, sino que también permiten que más personas descubran este libro y se animen a seguir aprendiendo sobre Inteligencia Artificial.

✍️ Dejar una reseña es muy fácil:

⬛ Ve a la página de Amazon donde compraste este libro.

⬛ Busca la sección de reseñas y haz clic en "Escribir una reseña".

⬛ Comparte tu opinión sincera sobre lo que más te gustó y cómo te ayudó en tu aprendizaje.

Cada reseña, por pequeña que sea, hace una gran diferencia. 🗣️✨

🚀 ¡Gracias por tu apoyo y por ser parte de este viaje en la IA! 🚀